LÁGRIMA LUNAR

ExLibric

NOA S

LÁGRIMA LUNAR

EXLIBRIC

ANTEQUERA 2025

LÁGRIMA LUNAR
© Noa S
Diseño de portada: Dpto. de Diseño Gráfico Exlibric

Iª edición

© ExLibric, 2025.

Editado por: ExLibric
c/ Cueva de Viera, 2, Local 3
Centro Negocios CADI
29200 Antequera (Málaga)
Teléfono: 952 70 60 04
Fax: 952 84 55 03
Correo electrónico: exlibric@exlibric.com
Internet: www.exlibric.com

ISBN: 979-13-87944-99-5
Depósito Legal: MA 1771-2025

Impresión: PODiPrint
Impreso en Andalucía – España

Nota de la editorial: ExLibric pertenece a Innovación y Cualificación S. L.

NOA S

LÁGRIMA LUNAR

Parte 1

CAUTIVERIO

LA JAULA

Las barras se clavan en la luz
como huesos viejos que no ceden.
El hierro guarda su propio invierno,
respira un vaho agrio, inmóvil.
Yo no sé si es de noche o de día,
el reloj aquí sangra despacio
y las horas se acuestan una sobre otra,
aplastándome el pecho.

Fuera, hay un murmullo de pasos
que nunca se acercan del todo.
Dentro, solo mi aliento,
una neblina breve, inútil.
El mundo podría arder ahí fuera,
y este cuarto seguiría intacto,
como si nada.

LA PIEDRA

El castillo no duerme,
pero tampoco vive.
Cada pared está hecha de piedra
que no recuerda el calor.
Las grietas son cicatrices cerradas,
duras como la voz del carcelero.

Al apoyar mi frente,
siento el pulso lento del muro,
un latido antiguo,
más frío que mi propia sangre.
A veces me parece que susurra,
pero solo es el viento
tratando de escapar.

Retrato sin rostro

Me dieron un espejo opaco,
con la plata gastada en los bordes.
Miro y no me reconozco:
un rostro quieto, sin nombre,
casi un borrón sobre el cristal.

El reflejo se disuelve
cuando parpadeo.
Quisiera tocarlo,
romperlo con los dedos
y recoger los fragmentos
para recomponer otra cara,
una que no tiemble
bajo el peso de estas paredes.

CENIZA DE ECO

El aire arrastra cenizas lentas,
flotan como cartas sin remitente.
Si las nombro «nieve»,
es para mentirle al invierno.
Sobre mi piel,
se disuelven en un frío inventado
que me recuerda a muros
que tal vez soñé.

Aquí las palabras se rompen
antes de cruzar la celda.
El eco mastica el sonido
y lo devuelve más hueco.
Por eso casi no hablo:
prefiero que mis pensamientos
se queden intactos,
antes que oírlos volver deformados.

INVENTARIO

En mi celda hay:
una cama que cruje como huesos viejos,
un cubo de agua que nunca está fría,
una ventana tan alta
que solo puedo adivinarla,
y un candado gordo
con hambre de siglos.

No hay más.
O tal vez sí:
un hueco invisible
donde guardo lo que soy
para que nadie lo encuentre.

PIEL DE SOMBRA

La sombra se ha hecho segunda piel,
me cubre con sus pliegues ásperos.
Es la única prenda que me dieron
y la única que no puedo quitarme.

Si estiro la mano,
ella estira la suya.
Si cierro los ojos,
se enrosca y me mece
en un abrazo que no abriga.

A veces pienso
que si me arrancara esta sombra,
caería en pedazos
y quedaría desnuda
ante un frío
que no sabría soportar.

EL GUARDIÁN MUDO

Nunca habla.
Su armadura huele a óxido y sal,
como si hubiera cruzado mares oscuros.
Sus pasos pesan,
rompen el silencio en astillas.

A veces pienso que es de piedra,
que si le toco el cuello,
sentiré la rugosidad del muro.
Pero no lo haré.

No me mira.
Y si lo hiciera,
quizás me olvidaría para siempre.

Sin embargo,
en noches de insomnio,
creo escuchar su respiración
al otro lado de la puerta,
como si también estuviera
encerrado.

Cuerda rota

En la jaula cuelga una cuerda
que ya no sirve para nada.
Tal vez fue un columpio,
tal vez sujetó un candil.
Ahora solo se balancea
con un vaivén cansado.

A veces la empujo
para que se mueva más rápido
para que el aire recuerde
cómo suena algo libre.

Imagino que la cuerda
es un río detenido,
y que si tirara con fuerza suficiente,
volvería a fluir
hacia un mar que aún no he visto.

AGUA SIN NOMBRE

En un cuenco guardan agua.
No sabe a nada,
no huele,
no recuerda ríos.

La bebo para no olvidar
que aún puedo tragar,
que hay un cuerpo aquí
que insiste en funcionar,
aunque no sepa para qué.

A veces dejo que repose en la boca,
esperando que despierte
algún recuerdo sumergido,
pero lo único que encuentro
es el mismo silencio líquido
de siempre.

INVENTAR VENTANAS

Cierro los ojos
y dibujo una ventana en el aire.
La coloco en la pared,
la pinto con azules que no existen aquí,
y espero que se abra.

A veces se abre,
pero solo hacia adentro:
me devuelve a esta celda
con más claridad,
como si quisiera recordarme
que soñar no es suficiente.

Sin embargo,
vuelvo a pintarla cada noche.
Es mi ritual secreto:
crear un mundo nuevo
y verlo desvanecerse
sin hacer ruido.

LA LLAVE INEXISTENTE

He soñado con llaves
tantas veces
que ya no sé si existen.
En el sueño,
abren puertas
que no llevan a ninguna parte,
o que me devuelven al mismo cuarto
con otro ángulo.

A veces creo que la llave soy yo,
pero entonces
¿por qué sigo cerrada?

Quizás no es que no exista,
sino que aún no sé girarla.
Y eso, en esta oscuridad,
puede tardar siglos.

VIENTO DE PASILLO

Por debajo de la puerta
se cuela un viento débil,
casi tímido.

Llega con un olor a hierro viejo,
mezclado con algo dulce,
como fruta olvidada.

Me arrodillo para respirarlo mejor,
aunque sé que no puedo seguirlo.
Es la primera vez que el aire
parece venir de lejos.

Lo guardo en mi garganta
como si fuera un canto,
aunque no tenga voz
ni destino.

DORMIR CON LOS OJOS ABIERTOS

Aprendí a dormir sin cerrarlos del todo,
para que el tiempo no me robe.
Así vigilo la puerta,
el candado,
la cuerda muerta.

Los sueños aquí son peligrosos:
te hacen creer que has salido
y luego despiertas
con más peso en los huesos.

Aun así,
me dejo engañar a veces.
Es el único viaje
que puedo hacer
sin moverme.

Parte 2

DESCUBRIMIENTO

GRIETA DE LUZ

Hoy, en la pared más vieja,
una línea delgada se encendió.
No era sol,
sino un reflejo fugaz,
pero mi pecho lo sintió
como un latido distinto.

La sombra se retiró un instante,
y pude imaginar
que la piedra también desea
mirar hacia afuera.

MURMULLO DE AGUA

No sé de dónde viene,
pero escucho un agua correr.
No golpea fuerte,
es un hilo,
como una voz que teme ser oída.

Apoyo la oreja contra el suelo
y sigo su recorrido inventado,
hasta que el murmullo se mezcla
con el pulso en mis sienes.

Imagino que baja de una montaña,
que ha visto bosques y pájaros,
y que ahora se arrastra
para encontrarme.

Me pregunto si sabrá mi nombre,
si recordará el tacto de mis manos
cuando, al fin, pueda beberla,
sin barrotes entre la sed
y la boca.

ALA INVISIBLE

Rozó mi nuca algo leve,
tan leve que al principio
creí que era un recuerdo.

No era viento,
era un susurro con plumas,
un instante suspendido
que dejó en mi piel
la huella tibia de un vuelo.

Giré para atraparlo
y solo encontré el aire,
mirándome como si supiera
que volvería
cuando menos lo espere.

Canto lejano

Primero pensé que era el eco
jugando otra vez conmigo,
pero esta vez la voz tenía
una nota que no era mía.

Se repetía en intervalos irregulares,
con pausas que parecían suspiros.
No entendí las palabras,
si es que eran palabras,
pero mi cuerpo se inclinó hacia ellas
como las flores hacia la luz.

Si cierro los ojos,
me veo siguiendo ese canto
a través de un pasillo interminable,
hasta que la piedra se abre
y descubro que quien canta
me espera desde siempre.

Sombras distintas

Hoy vi mi sombra moverse
antes que yo.
Se estiró hacia la puerta
como si pudiera cruzarla,
y me dejó atrás.

Al volver,
me miró con algo de vergüenza,
pero no pidió perdón.

La primera rendija

A ras de suelo,
donde la piedra se une a la madera,
descubro un hueco estrecho,
como un secreto que siempre estuvo ahí
esperando a que lo notara.

Me inclino,
dejando que la luz roce mi piel,
y acerco la mano hasta tocar el borde.
El aire que escapa es tibio,
extrañamente vivo,
como si viniera de un lugar
donde yo ya he estado en sueños.

Deslizo los dedos dentro,
lentamente,
siguiendo un impulso que no entiendo,
y siento cómo esa luz me envuelve,
reconociendo en mí
algo que no sabía nombrar.

Entonces escucho pasos.
Retiro la mano,
cierro el hueco con el cuerpo
y guardo el calor en la palma,
como si ocultara una joya prohibida
que no pienso devolver.

EL OLOR DE LA LLUVIA

Hoy, en el aire,
llegó algo extraño:
un aroma dulce,
como fruta que se pudre lentamente
fuera de mi alcance.

Nunca he visto la lluvia,
pero si esto es su promesa,
llega tarde,
demasiado débil,
como si hubiera olvidado mi nombre
por el camino.

Me acerco a la pared,
respiro hondo,
y en lugar de llenarme,
siento el hueco abrirse más,
como si ese olor viniera a recordarme
todo lo que nunca tocaré.

EL MAPA EN LA PARED

Entre las grietas de la piedra
hay un mapa que nunca es el mismo.
Cada mañana las líneas se mueven,
se curvan, se rompen,
dibujando caminos que ayer no existían.

A veces me llevan hacia un claro abierto,
otras hacia pasillos sin fin
donde el aire se vuelve espeso.
No sé si es la piedra la que miente
o si soy yo quien la obliga a cambiar
al mirarla con otros ojos.

Lo recorro con la punta de los dedos,
y me sorprende reconocerme en sus giros:
los desvíos, las vueltas,
las rutas que parecían certeras
y se deshacen en mitad del trayecto.

Cada día me promete un final distinto.
Quizás por eso sigo mirándolo,
porque mientras él cambia,
también lo hago yo.

La llave en la boca

Soñé que tenía una llave,
pero no en la mano:
la tenía en la lengua.

Sabía a hierro dulce,
y al girarla entre los dientes,
la puerta se abría sola.

Desperté mordiéndome,
como si aún la guardara.

Ventana robada

No tengo ventana,
pero hoy el guardián dejó abierta
la suya,
en el pasillo.

Desde mi rincón vi un rectángulo azul,
tan vivo que dolía.
Dentro del azul
pasaron nubes,
y una de ellas se deshizo
como si alguien la hubiera soplado.

Me quedé mirando,
tomando prestado cada fragmento,
hasta que el guardián volvió
y la cerró sin mirarme.

No me quitó nada,
porque ya me lo había guardado todo
en los ojos.

El murmullo de las hojas

Anoche, muy tarde,
escuché un ruido nuevo:
hojas secas rozándose entre sí.

No sé cómo llegaba hasta aquí,
pero sonaba a conversación íntima,
como si el bosque me hablara
desde su cama,
entre respiraciones y pausas.

Me quedé despierta,
siguiendo el hilo del murmullo,
hasta que el sueño me cerró la puerta
sin pedirme permiso.

EL PASILLO VACÍO

Hoy la puerta estuvo abierta
más de lo habitual.
No entró nadie,
y fuera no había pasos.

Di un paso hacia el pasillo,
y otro.
El suelo crujía bajo mi peso,
como si no estuviera acostumbrado a mí.

Toqué la pared del pasillo,
distinta a la mía:
menos fría,
con un polvo más fino,
como si allí se respirara mejor.

Entonces, un temblor ligero
recorrió la piedra bajo mis pies,
como si un corazón enorme
latiera muy lejos,
oculto tras muchas paredes.

No vi nada,
pero el aire se espesó,
y un calor invisible
rozó mi tobillo,
haciéndome retroceder.

Corrí de nuevo dentro
y cerré la puerta sin que me vieran,
pero mi pie derecho
todavía guarda el pasillo
en la planta.

Parte 3

PELIGRO LATENTE

La llave en la cerradura

El metal encajó con un sonido seco.
No giré de inmediato:
me quedé con la mano en la llave,
escuchando si el castillo
ya sabía lo que estaba haciendo.

El giro fue lento,
como si la cerradura tuviera memoria
y reconociera mi tacto.
Al abrir,
el aire del pasillo se coló dentro,
frío y antiguo,
como un invitado no deseado.

Crucé el umbral
sin mirar atrás.
Dejé la celda abierta,
no como una invitación,
sino como una burla.

PASOS DE HIERRO

El suelo retumba
antes de ver nada.
Sé que vienen,
pero no sé por dónde.

Aguanto la respiración
como si fuera el último aire
que me permitirán.

El ojo tras la rendija

Por la grieta de una puerta
algo brilla.
No es luz,
es un ojo amarillo,
abierto en silencio.

Parpadea lento,
como si midiera
el tamaño de mi miedo.
Yo no me muevo
y, aun así,
sé que me está siguiendo.

Cuando desaparece,
el aire huele a piedra caliente,
como si un dragón hubiera respirado
muy cerca,
sin hacer ruido.

LA SALA DE LAS COLUMNAS

Un salón inmenso,
lleno de columnas tan anchas
que podrían ocultar a cualquiera.

El suelo está frío,
pero en el aire flota
un calor extraño,
como si las paredes respiraran.

Me escondo detrás de una columna
y escucho:
un arrastre lento,
el roce de escamas contra piedra.
No lo veo,
pero sé que sabe
exactamente dónde estoy.

EL DRAGÓN MÁS ANTIGUO

En lo más profundo del castillo
duerme el dragón más antiguo.
Su piel es tan dura
que la piedra se dobla para no tocarla.

Nadie lo ha visto entero,
solo fragmentos:
un ojo cerrado como una puerta sellada,
un ala plegada
que parece una montaña.

Su respiración es lenta,
pero cada vez que exhala
todo el aire se vuelve más pesado,
como si me empujara hacia el suelo.

A veces imagino
que no duerme del todo,
que me escucha
y espera
a que me acerque demasiado.

LA CUERDA COLGANTE

En una torre olvidada
vi una cuerda colgando del techo,
gastada,
como si hubiera sostenido peso
demasiadas veces.

El aire allí era más frío
y tenía un sabor metálico
que me rozó la lengua.

No pregunté a nadie.
No hacía falta:
el silencio lo decía todo.

El pasillo de piedra viva

En un pasillo estrecho
la piedra vibraba bajo mis pies,
como si algo enorme
latiera al otro lado del muro.

Seguí andando,
y la vibración creció,
mezclándose con un calor húmedo
que me envolvía desde atrás.
No me atreví a girar.

La puerta sin nombre

Al final del pasillo,
una puerta baja,
casi oculta tras la sombra.

Puse la mano en el pomo
y sentí que latía.
Era más cálido que mi piel,
como si hubiera estado esperando
solo por mí.

Detrás de mí,
un roce de escamas,
una respiración profunda.
Empujé la puerta
y el aire cambió.

Parte 4

TRANSICIÓN Y LUCHA

El otro lado de la puerta

La puerta cedió sin rechinar,
como si aceptara mi paso.
Detrás, un corredor de piedra húmeda,
estrecho,
que olía a moho y a agua estancada.

Avancé despacio,
tocando las paredes
para recordar que eran reales.
A cada paso,
la respiración detrás de mí
se hacía más lejana.
No miré atrás.

LA ESCALERA TORCIDA

El pasillo terminó en una escalera
que subía y bajaba a la vez,
retorciéndose como un cuerpo
herido.

Cada peldaño crujía,
no por el peso,
sino por el miedo
acumulado en la madera.

Al llegar a un descanso
vi marcas oscuras en la pared:
garras,
trazos profundos
que parecían escribir mi nuevo nombre.

EL RUGIDO AHOGADO

En algún lugar del castillo
un rugido se ahogó en piedra.

No sé si fue un aviso
o un lamento,
pero mi cuerpo entendió
que debía seguir corriendo.

LA SALA DEL ESPEJO ROTO

Entré en una sala sin luz,
solo iluminada por fragmentos de espejo
clavados en la pared.

Cada trozo devolvía una parte de mí:
un ojo,
una mano,
un gesto de miedo
que no recordaba hacer.

Me acerqué al mayor de ellos
y vi mi cara dividida:
la mitad oscura,
la otra mitad empapada
de un brillo extraño,
como si ya hubiera salido
y me estuviera esperando.

Pero al girarme,
el brillo se deshizo,
y el espejo me devolvió entera,
pero vacía.

EL PUENTE ANGOSTO

Una pasarela de piedra
colgaba sobre un foso invisible.
No había baranda,
solo la sombra de los muros
hundida en el vacío.

El aire allí soplaba distinto,
como si viniera de un mundo
que no sabe lo que es el castillo.

Avancé contando pasos,
imaginando que cada uno
me borraba de las paredes
donde me habían escrito.

El pasillo de espejos altos

Avancé por un pasillo cubierto de espejos
tan altos que parecían columnas de luz muerta.
Cada uno devolvía una versión distinta de mí:
más alta, más pequeña,
con un rostro que no reconocía.

Intenté buscarme
en algún reflejo que me aceptara,
pero todos deformaban algo:
los ojos, la boca,
o el gesto con el que aprendí a defenderme.

Me detuve frente a uno
que me mostraba con una fuerza
que no sentía en el cuerpo.

Quise tocarla,
pero mi mano chocó con el frío
y la imagen se quebró.
Los fragmentos cayeron al suelo
y mi cara se multiplicó,
mirándome desde cientos de pedazos
que no podía recomponer.

LA GARGANTA SELLADA

Oí pasos acercándose
y quise gritar,
pero la voz se quedó atrapada
en algún punto entre el pecho y la boca.

Abrí la boca de todos modos,
solo para escuchar un hilo de aire,
un sonido roto
que no me obedecía.

Así entendí
que no siempre es el silencio elegido
el que nos salva,
sino el que nos impone el miedo.

La escalera de fuego

Bajé por una escalera
que ardía sin consumirse.
El calor subía por mis piernas
como un recuerdo
que no quería reconocer.

El umbral dividido

Llegué a un gran portón
abierto solo a la mitad.
Por la ranura se filtraba un aire distinto,
mezcla de tierra húmeda y libertad.

Pero al apoyar la mano,
algo golpeó el suelo detrás de mí:
garras,
un resoplido que calentó mi nuca.

El portón crujió,
como si tuviera que decidir
a quién dejar pasar.

Parte 5

LIBERACIÓN

El guardián del umbral

El portón se abría lentamente
cuando sentí el calor en la nuca.
Un aliento denso,
mezcla de fuego y piedra húmeda,
me ancló los pies al suelo.

Giré la cabeza
y el dragón llenaba el pasillo:
sus ojos, brasas encendidas,
no parpadeaban.

Entre nosotros apareció una figura:
armadura vacía,
o tal vez un príncipe
sin corona ni reino.
No habló,
pero alzó la espada,
y la luz en el filo
pareció romper la oscuridad en pedazos.

El rugido del dragón
se quebró contra el metal,
y en ese instante avancé,
no para escapar,
sino para empujar con mis pasos
todo lo que había decidido dejar atrás.
La bestia retrocedió
como si entendiera
que ya no tenía lugar en mí,
y el portón, como si lo supiera,
se abrió de par en par.

Primer paso fuera

La luz me golpeó los ojos
como una ola cálida.

El aire era distinto:
no pesaba,
no vigilaba.

Pisé tierra blanda
y la hierba se abrió bajo mis pies,
como si me reconociera.

EL CIELO ENTERO

Levanté la vista
y el cielo me cayó encima,
inmenso,
sin paredes que lo sostuvieran.

Las nubes no tenían miedo
de cambiar de forma,
y pensé en cuántos años
había pasado
evitando cambiar yo.
Me tumbé sobre la hierba
y el cielo entero
me sostuvo la espalda.

El agua que canta

Seguí un arroyo
hasta escucharlo cantar.

No era como el agua de la celda:
aquí saltaba,
rompía,
brillaba.

Bebí hasta que el frío
me devolvió la voz.

LA SOMBRA DETRÁS

Al girarme, vi el castillo lejos,
oscuro contra la luz del día.

No me llamó,
pero su sombra se estiraba
hasta tocar mis tobillos.

Respiré hondo
y di un paso más lejos.
La sombra se hizo más pequeña,
pero no desapareció.

Sé que siempre la llevaré conmigo,
no como una cadena,
sino como una cicatriz
que aprendió a caminar.

El amanecer nuevo

Dormí bajo un árbol
y desperté con el canto de aves
que no conocían mi nombre,
pero me aceptaron igual.

El aire estaba lleno de luz líquida,
resbalando por las hojas,
y cada rayo parecía escribir
una palabra sobre mi piel.

No todas las entendí,
pero supe que hablaban de futuro,
de un camino que apenas empieza
y que ahora es mío.

Me levanté,
miré al horizonte,
y el sol me devolvió la mirada
como si, por fin,
nos reconociéramos.

Agradecimientos

A mi madre,
que ya no está en este mundo, pero sigue habitando
en mi voz.
A ella, que me enseñó que incluso en la oscuridad hay
forma de seguir amando,
y que el silencio también puede ser un refugio.
Cada palabra de este libro lleva su huella,
como una caricia que no desaparece.

A Juani, mi profesora de Lengua y Literatura,
por creer en mi voz cuando yo apenas la reconocía.
Gracias por recordarme que la palabra también puede
salvar,
que escribir es una forma de respirar más hondo.

A Kevin, por su escucha activa y paciente,
por saber acompañar sin interrumpir,
por estar incluso en los días sin palabras.
Su calma fue una orilla a la que siempre pude volver.

A Víctor, por su compañía silenciosa y constante,
por esos momentos en los que no hizo falta hablar
para entendernos del todo.
Su presencia fue abrigo y brújula.

A Tati, por las risas compartidas,
por recordarme que la luz también se construye de
gestos pequeños,
de bromas, de complicidades,
de esa alegría que disuelve cualquier sombra.

A el chino,
por ser la persona que menos me ha juzgado,
por su mirada limpia, su calma y su forma simple de
aceptar sin condiciones.
A veces basta con eso: con que alguien te vea sin in-
tentar cambiarte.

Y a mis amigas y amigos, a quienes me enseñaron a
mirar con otros ojos:

Nunca me había dado cuenta...
de lo bonito que es este mundo.

Y a todas las personas que, de alguna manera,
me ayudaron a recordar que la vida, pese a todo, sigue
latiendo.

Este libro no es solo mío:
es de quienes me enseñaron a mirar la sombra con
ternura.

Índice